Things to Look Forward To

為每天
帶來美好的
期待清單

在苦悶的日子裡，
讓 52 件微小事物給你前進的力量

蘇菲·布雷克爾 Sophie Blackall──文圖　張家綺──譯

52 Large and Small Joys for
Today and Every Day

目　錄

好評推薦 ———————————————————— 5

前　言　帶給彼此慰藉與希望的日常小事 —————— 7

第 1 件　日出 —————————————————— 10

第 2 件　咖啡 —————————————————— 13

第 3 件　熱水澡 ————————————————— 14

第 4 件　為人烘焙 ———————————————— 17

第 5 件　擁抱朋友 ———————————————— 21

第 6 件　學習新事物 ——————————————— 22

第 7 件　學新的字詞 ——————————————— 25

第 8 件　鼓掌 —————————————————— 26

第 9 件　11點11分 ———————————————— 29

第 10 件　初雪 —————————————————— 30

第 11 件　畫一顆蛋 ——————————————— 33

第 12 件　一杯茶 ————————————————— 34

第 13 件　長得像大腦的花 ———————————— 37

第 14 件　聽一首你聽過的歌 ——————————— 38

第 15 件　撒下野花種子 ————————————— 41

第 16 件　鳥群 —————————————————— 42

第 17 件　摸摸友善的狗 ————————————— 46

第 18 件　下雨 —————————————————— 49

第 19 件　彩虹 —————————————————— 50

第 20 件　不拆禮物 ——————————————— 53

第 21 件　滿月 —————————————————— 54

第 22 件　婚禮 —————————————————— 57

第 23 件　小寶寶 ————————————————— 58

第 24 件　裸泳 —————————————————— 61

第 25 件　新眼鏡 ⋯⋯⋯⋯⋯⋯⋯⋯⋯⋯⋯⋯⋯⋯⋯ 62

第 26 件　補破洞 ⋯⋯⋯⋯⋯⋯⋯⋯⋯⋯⋯⋯⋯⋯⋯ 65

第 27 件　蒐集卵石 ⋯⋯⋯⋯⋯⋯⋯⋯⋯⋯⋯⋯⋯⋯ 66

第 28 件　看海 ⋯⋯⋯⋯⋯⋯⋯⋯⋯⋯⋯⋯⋯⋯⋯⋯ 69

第 29 件　重讀愛書中最愛的段落 ⋯⋯⋯⋯⋯⋯ 72

第 30 件　洗淨衣物 ⋯⋯⋯⋯⋯⋯⋯⋯⋯⋯⋯⋯⋯⋯ 75

第 31 件　移動家具 ⋯⋯⋯⋯⋯⋯⋯⋯⋯⋯⋯⋯⋯⋯ 76

第 32 件　尋回失物 ⋯⋯⋯⋯⋯⋯⋯⋯⋯⋯⋯⋯⋯⋯ 79

第 33 件　清掃 ⋯⋯⋯⋯⋯⋯⋯⋯⋯⋯⋯⋯⋯⋯⋯⋯ 80

第 34 件　晚餐 ⋯⋯⋯⋯⋯⋯⋯⋯⋯⋯⋯⋯⋯⋯⋯⋯ 83

第 35 件　參觀博物館 ⋯⋯⋯⋯⋯⋯⋯⋯⋯⋯⋯⋯ 84

第 36 件　完成一件事 ⋯⋯⋯⋯⋯⋯⋯⋯⋯⋯⋯⋯ 88

第 37 件　陷入愛河 ⋯⋯⋯⋯⋯⋯⋯⋯⋯⋯⋯⋯⋯⋯ 91

第 38 件　寫一封信 ⋯⋯⋯⋯⋯⋯⋯⋯⋯⋯⋯⋯⋯⋯ 95

第 39 件　收到一封信 ⋯⋯⋯⋯⋯⋯⋯⋯⋯⋯⋯⋯ 96

第 40 件　餵鳥 ⋯⋯⋯⋯⋯⋯⋯⋯⋯⋯⋯⋯⋯⋯⋯⋯ 99

第 41 件　爆汗 ⋯⋯⋯⋯⋯⋯⋯⋯⋯⋯⋯⋯⋯⋯⋯⋯ 100

第 42 件　喝一杯水 ⋯⋯⋯⋯⋯⋯⋯⋯⋯⋯⋯⋯⋯⋯ 103

第 43 件　午覺 ⋯⋯⋯⋯⋯⋯⋯⋯⋯⋯⋯⋯⋯⋯⋯⋯ 104

第 44 件　報稅 ⋯⋯⋯⋯⋯⋯⋯⋯⋯⋯⋯⋯⋯⋯⋯⋯ 107

第 45 件　投票 ⋯⋯⋯⋯⋯⋯⋯⋯⋯⋯⋯⋯⋯⋯⋯⋯ 108

第 46 件　自己的食物自己種 ⋯⋯⋯⋯⋯⋯⋯⋯ 111

第 47 件　看地圖 ⋯⋯⋯⋯⋯⋯⋯⋯⋯⋯⋯⋯⋯⋯⋯ 112

第 48 件　去墓園散步 ⋯⋯⋯⋯⋯⋯⋯⋯⋯⋯⋯⋯ 115

第 49 件　去哪裡走走 ⋯⋯⋯⋯⋯⋯⋯⋯⋯⋯⋯⋯ 116

第 50 件　回家 ⋯⋯⋯⋯⋯⋯⋯⋯⋯⋯⋯⋯⋯⋯⋯⋯ 119

第 51 件　製作清單 ⋯⋯⋯⋯⋯⋯⋯⋯⋯⋯⋯⋯⋯⋯ 120

第 52 件　活在當下 ⋯⋯⋯⋯⋯⋯⋯⋯⋯⋯⋯⋯⋯⋯ 123

好評推薦

「好喜歡這本書，翻開每一頁，滿是幸福的氣味撲鼻而來，是一本我會當作禮物書贈友人的好書，推薦給大家。」

——李貞慧，喜歡翻譯和閱讀繪本的愛書人

「這本書重新定義生活的美，日常微小的事都能為陰暗的日子帶來曙光。只要能每天都期待著這些微小而珍貴的瞬間，並感恩當下，生活的每日都是美日！」

——欣蒂小姐Miss Cyndi，插畫家

「持續從每天一點點的美好中，累積成一星期的美好、一個月的美好、一整年的美好。」

——賴嘉綾，作家、繪本評論人

「期待美好發生，從52件小事開始，每天都是全新的一天。你常常提不起勁，或做什麼事都備感無力嗎？跟著作者蘇菲・布雷克爾的圖與文，看看她為日常做的希望清單，也許與你有些出入，無妨，在空白處寫下自己的清單吧！讓內心的太陽日日綻放，原來，幸福能夠來得如此輕鬆自在。」

——繪本帶我去旅行，閱讀推廣人

帶給彼此慰藉與希望的日常小事

　　我向來算是個性開朗的人，即使天空烏雲密布，仍能看見一道曙光。怎料 2020 年，我們碰到一朵超大積雨雲，一場猝不及防的流行疾病重創世界。我跟多數人一樣，試著保持希望，珍惜自己擁有的一切，在這麼多人病逝的時刻，感謝上蒼自己依舊安然無恙。

　　不過，我也和多數人一樣，內心充滿焦慮、恐懼、悲傷和不確定，成天與另一半艾德對著帳單發愁、憂心年邁父母、掛念離家千里的孩子。最後，我們決定將大屋換小房，搬出我們心甘情願長租 10 年、養育各自孩子長大的老公寓；我們取消了婚禮，因為深知親人不在身邊就不可能結婚。

　　到了秋天，我孩子親愛的同志爸爸，尼克在世界另一端發生意外，離開人世。這下，當真感覺到雷雨雲步步近逼。有陣子，我似乎怎樣都感覺不到希望曙光，幾乎看不見世界的美好、奇蹟、喜悅。

　　某個早晨沖熱水澡時，我下定決心要列一份期待的大小事清單，心想著或許其他人也會列出類似的清單，說不定我可以網羅各方意見，跟大家一起拼湊出完整的儲備清單。我告訴自己，無論頭

頂的烏雲多麼濃稠烏黑，地平線上永遠閃耀燦爛日光，即使我們必須瞇起雙眼才能看見光，即使我們得自己創造那道光。

列出清單時，我發現很多事是可以即刻完成的，期待是令人嚮往沒錯，但當下的滿足也很重要。

我將第一批令人期待的大小事，連同插畫刊登在 Instagram 時，獲得驚人的熱烈迴響，收到數不清塗鴉著各種表情的雞蛋圖片，許多網友還熱情分享個人愛書的段落，跟我說他們也烤了馬芬蛋糕分送鄰居和急救人員，還有他們在這段期間學會哪些技能及想要學的東西。大家學會的全新技能，激勵了其他發誓要學習木雕或釀啤酒的朋友，引領期盼的同時，我們也著手進行。

我發現自己常常過度美化疫情前的時光，懷念當時還可以環遊世界、擁抱好友、和陌生人握手。但後來，我發現最重要的還是仰望未來：結合我們學到的事物，帶著耐心、堅定、勇氣與同理心去關愛彼此，努力為全人類創造一個更美好的未來，放眼長遠的環境保護、種族正義、平權、多元社會、免費健保、平等教育、終結貧窮、飢餓、戰爭；同時，也期待著那些可以令我們提振心情、開懷大笑、感覺自己活著、帶給彼此慰藉與希望的日常小事。

我希望這份清單帶給你一些值得期待的事，如果你討厭打掃，或是覺得像大腦般軟糊糊的花朵很噁心，也可以撕掉這幾頁，改放自己的插畫，最好就是親手自製一份清單。

再不然，你也可以和我分享你的清單。我已經在期待囉！

第 1 件
....

日出

THE SUN COMING UP

　　美國前總統歐巴馬（Barack Obama）曾經說過一句話：「無論發生什麼事，太陽明日總會升起。」

　　這句話說得太中肯，值得我們謹記在心。儘管太陽暫時躲在烏雲背後，它總會再次露臉，全新的一天終會降臨。

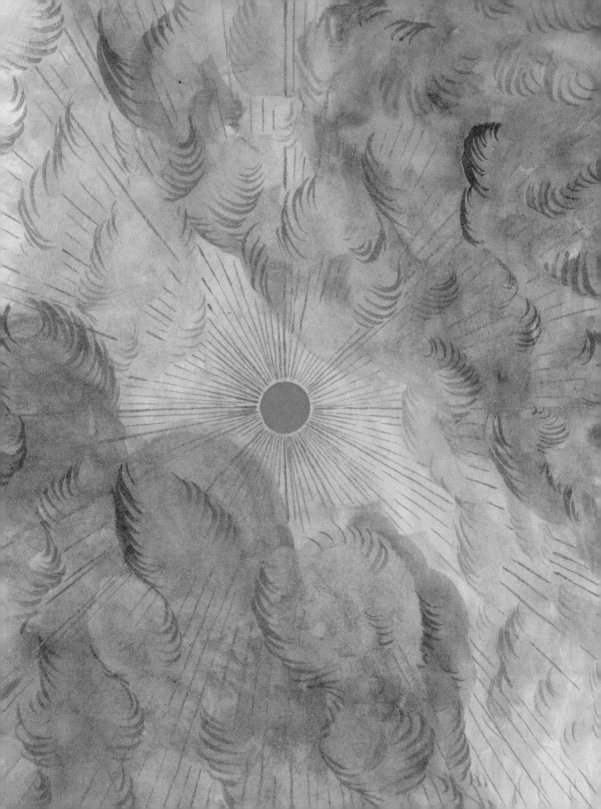

（很開心為您服務）

咖啡

COFFEE

當我問大家生活中最期待的事物是什麼，最常聽到的答案就是咖啡。

對許多人來說，光是煮咖啡的過程就令人心情愉悅：從咖啡機卸下前一天的咖啡殘渣、研磨新鮮咖啡豆、濃縮咖啡機噴嘴發出第一個令人期待的嘶嘶聲，或是咖啡壺第一個涓涓滴漏的聲音。那間常常光顧、最愛的街角咖啡攤，迷人的咖啡師，值得信賴的保溫瓶，都能讓晨起遛狗的煩悶一掃而空。咖啡是讓我們出發的動力，讓我們持續前進。

我朋友梅麗莎說她最近找到一間時髦的全新咖啡廳，現在都很期待早晨快點到來，一天比一天早睡。

有些人喜歡喝茶，但茶的意義不同，完全是兩碼子事。

....

熱水澡

A Hot shower

　　我從來不視熱水澡為理所當然的事,也從未低估它讓我心情好轉的魔力。我來自乾旱國家,所以每次沖澡都盡可能速戰速決,但偶爾,我也會讓熱水盡情流淌。

第 4 件

....

為人烘焙

BAKING SOMETHING FOR SOMEONE

我們請木工幫忙建穀倉時,我總是很期待為他們烤馬芬蛋糕。開始變天的那一天,我幫屋頂工人烤了第一批馬芬蛋糕。雖然地面結霜,馬芬蛋糕卻很溫暖。

遞給他們馬芬蛋糕時,工人都情不自禁發出嘆息聲。

翌日,我又烤了一批馬芬蛋糕。

第三天沒時間烤馬芬蛋糕,我兩手空空抵達現場時,工人情不自禁發出同樣的嘆息聲,只不過這次他們肩膀垮下、雙腿癱軟。自那之後,我都盡可能帶馬芬蛋糕給他們。

可是,每天上午把冰冷僵硬的奶油連同白糖丟進碗缽,開始用木匙攪拌時,我內心都忍不住無限循環:

手好痛。

太難攪拌了吧。

噢,我需要攪拌機!

我何必自討苦吃?去商店買現成的小黛比蛋糕不就得了。

我應該把時間花在完成我的書,而不是在這裡硬把想要分開的東西攪拌在一起。

絕對不可能拌勻的啦。

這點子太蠢了。

不過，接下來呢⋯⋯

噢。

噢！

魔法發生了！

　　剩下的步驟都很容易，我從烤箱中取出馬芬蛋糕，開車送去給工人的路上吃了一個，確保馬芬蛋糕沒有問題。到了這時，工人恐怕早已吃膩馬芬蛋糕，只是不好意思告訴我，但是我發現，只要有馬芬蛋糕的那天，大家的工作效率就更高，至少我是這樣啦。

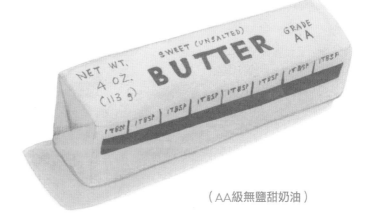

（ＡＡ級無鹽甜奶油）

擁抱朋友

HUGGING A FRIEND

疫情期間不能擁抱任何人，我這才發現自己有多懷念與人擁抱的感覺。

發生好事時，我和朋友會開心地擁抱慶祝；發生壞事時，我們也會擁抱安慰彼此。我會擁抱我長大成年的孩子，沒忘記他們小時候躺在我懷裡的感受；我會擁抱我的父母，至今，也依舊記得我躺在他們懷裡的感受。我溫柔地擁抱我 92 歲瘦骨嶙峋的朋友；雙手堅穩抱起朋友們咯咯嬉笑的小嬰兒，也期待他們回應擁抱。

學習新事物

LEARNING SOMETHING NEW

　　我的朋友克莉絲汀正在自學精細的木匙雕刻，梅麗莎學習在布魯克林自家後院培育梨樹籬，我 76 歲的繼母在海邊泳池磨練翻滾游泳技術。

　　我在 Instagram 上問大家都學了什麼全新技能時，收到野心勃勃又鼓舞人心的各種答案：手語、挪威語、烘焙貝果、如何拒絕人。人們學習保持耐心，和別人在小空間內共同生活，一邊居家辦公、一邊教養小孩，落實減法生活，保持冷靜不驚慌，懷抱希望。無論如何，我們都可以期待學到新鮮事物，就算只是學會一個字也好。

學新的字詞

A NEW WORD

　　我父親擁有過目不忘的記憶力，腦袋蘊藏驚人的海量字庫，本身又超級愛現。但就算是他，偶爾也會碰到不認識的字詞，這種時候，他會傳訊息和我分享，而我也會找一個沒看過的新字詞回敬他。像是意指風景畫中用來點綴的小人物——「點景人物」（staffage）；或是「小點符號」（tittle），也就是位在字母上下方的一顆小點；再不然是「茶褐色」（fulvous），一種類似尼古丁的黃色；抑或「多剛毛」（hispid），意思是「覆蓋著硬毛」。

　　我們的目標是，在日常對話中信手拈來使用這些字詞。我每天都會遇到不認識的字，挑戰幫老爸找到他不認識的字，也令我滿心期待。

鼓掌

APPLAUSE

　　和陌生人共處一室，體驗相同的事物，並集體鼓掌表達喜悅和滿足，也是人生樂趣之一。

　　即使去不了劇院、演奏會、小學才藝表演，我們還是可以鼓掌叫好。我們可以在一天踏入尾聲時，為前線工作者鼓掌，替送信的郵差鼓掌。當我們的鴨子正在學飛、降落於我們的腳邊時，我們也可以用掌聲鼓勵牠們。當雄偉山巒華麗變身，渲染一片紅銅黃金色澤，我也會鼓掌叫好：「幹得好啊，高山，幹得好！」

第 9 件

....

11 點 11 分

11:11

　　我的孩子還小的時候，我們會模仿電影《E.T. 外星人》，E.T. 和艾略特觸碰指尖，嘴巴發出滋滋聲響。開車時，我會往後座伸長一隻手，低頭看書的孩子們沒有抬起頭，滋滋觸碰我的手指回應。如果我正在講一通掛不斷的電話，或是送孩子上學時不想太張揚，我們也會手指碰手指，發出滋滋聲。這是一種無聲語言，告訴他們：我愛你、別忘了吃水果、我真希望可以保護你不心碎難過、不被世界的不公不義打擊──滋滋，滋滋。

　　我們至今尚未完全放棄手指碰手指的溝通習慣，但孩子從五年級左右開啟了另一種溝通方式，那就是 11 點 11 分。最初的版本是特別留意時間，然後在 11 點 11 分許願，這場小遊戲在孩子間蔚為流行。我的孩子在國中時期拿到第一支手機時，其中一人總會在 11 點 11 分傳簡訊到家族群組，對此我百感交集，一方面不希望孩子在上課時偷傳簡訊，一方面又忍不住在收到簡訊時竊喜。

　　如今孩子出遠門念大學，在世界闖蕩，但我們三人只要注意到時間是 11 點 11 分，仍會傳訊息給彼此，甚至可能一天兩次。前提是不能設定時鐘，因為這樣就失去意義，不過這卻是值得期待的一刻，一個彼此聯繫的剎那，就像是虛擬版本的手指相觸。

第 10 件

初雪

FIRST SNOW

　　我小時候是在澳洲長大，搬到美國前從沒看過雪。如今在美國生活二十冬，已經不覺得下雪是新鮮事，但我仍會忍不住期待每年的初雪。如果你人在屋外，就能看出天空即將降雪的跡象，天空會像是一隻孵蛋的母鵝壓低身子，剎那間萬籟俱寂，一朵雪花飄落，緊接著又飄落另一朵，沒多久，雪花就像是打完枕頭戰般，滿天飄蕩旋轉。

　　鄉間的雪景就像是一張維多利亞風格的聖誕卡，閃閃發光。降下初雪時，你可以踏出家門，外出散散步，然後回到屋內點燃劈啪作響的壁爐、製作一杯熱托迪調酒，享受溫暖舒服的室內。場景換作是城市，下雪會讓大家不得不暫時放緩步調，萬物如此美麗，孩子開懷不已，絕對無庸置疑。

畫一顆蛋

DRAWING ON EGGS

　　如果你的家裡有一顆蛋，你可以在蛋殼上面畫一張臉，誰都阻止不了你，然後你會期待打開冰箱門的那一瞬間，說：

　　「哈囉，蛋先生！」

　　相信我，你一定會把自己逗得樂不可支。

一杯茶

A CUP OF TEA

　　若説咖啡是推動你展開一天的提神飲料,那麼茶就是忙了一天後,讓人沉澱心靈的緩衝飲料。一杯舒心撫慰、悠哉發懶的茶。有時光是想到茶就已足夠,燒開茶壺就開心了。

長得像大腦的花

FLOWERS THAT LOOK LIKE BRAINS

雞冠花（又稱雞髻花）是一種強韌的花卉，你可以輕輕拍撫它。如果你正好頭痛，雞冠花或許會讓你覺得舒服一點。

第 14 件

·············

聽一首你聽過的歌

LISTENING TO A SONG YOU'VE HEARD BEFORE

　　有一天，我在超級市場的走道上，身邊環繞燈泡、火柴、鋼絲絨時，店內收音機傳來〈威奇塔電話線工人〉（Wichita Lineman）的旋律。這時，我立刻想到我的死黨，也就是後來成為我丈夫、現在變成前夫的尼克，這位已不在人世、我十分想念的前夫。

　　在那個當下，我想起他有多愛這首歌，由於當年還沒有谷歌，無法在網路上搜尋歌詞，以至於他一直以為歌詞唱的是「喂，吉他天線人」，他很愛輕哼那段類似摩斯密碼的歌詞。站在超市 6 號走道的那天，在那整整三分鐘，我又回到 21 歲，在澳洲內陸塵土飛揚的路上駕駛，尼克則在我身旁忘我唱著「滴答滴答滴」。這就是一首歌曲所具備的魔力。

撒下野花種子

SCATTERING WILDFLOWER SEEDS

　　如果你知道哪裡有一塊泥土地，可以在初春時到那裡撒下野花種子，等待降雨，或者也可以自己澆水，然後把這件事忘個一乾二淨。幾週後，你會意外發現一小叢、一小塊，甚至是滿滿一片田野的野花，長出的也許是矢車菊，也許是蕾絲花，或是罌粟花。

　　接下來，你可以想像自己是手舉陽傘的英國演員海倫娜・寶漢・卡特（Helena Bonham Carter），在義大利托斯卡尼的田野上等候一個吻。摘下花朵後，田野還會長出更多花，到了夏末可以收集種子，期待來年再度撒下。

鳥群

A FLOCK OF BIRDS

　　不論是坐在車上或是正在走路，小時候的我和哥哥總會伸長脖子仰望天空，尋覓鳥群。如果我們看見一群鳥，媽媽就會說：「鳥兒群飛來，驚喜何時來？」然後，我們會搶著報時：「4 點 15 分！」「下下週六！」「繞過轉角的時候！」

　　我已經記不得我們預測的驚喜是否精準降臨，倒是清楚記得有時我們會摘採花朵，或幫媽媽泡一杯茶，刻意營造驚喜，當然出發點是很好，但說穿了就是一種作弊行為。

　　現在我看到鳥群時，並不會期望驚喜降臨，可是看見一群鳥兒無拘無束地翱翔天際、飛撲俯衝、聚攏四散，吱吱喳喳啼叫，集合隊形飛向遙遠天邊，卻是一件令人期待的事。我很好奇牠們準備飛去哪裡，之後是否還會回來。

摸摸友善的狗

PATTING A FRIENDLY DOG

　　這是狄索，雖然牠住在隔壁農場，卻常常來探訪我們。牠總是溼答答、渾身散發臭鼬味，但我們還是很期待見到牠。我們會散步陪牠回家，然後牠再散步陪我們回家，我們又散步陪牠回家，路上我們會閒聊追捕兔子、在鼠粘草裡打滾之類的事。輕輕撫摸牠的時候，牠會靠向你的大腿，露出開心微笑。

　　然後你也渾身散發臭鼬味。

下雨

RAIN

　　某些時候，我們並不喜歡遇到下雨，尤其是剛吹乾頭髮或除完稻草。不過多數時候，我們或許也期待下雨，希望雨水為幼苗澆灌、溪水漲潮、填滿水池、撲滅野火、將世界沖刷個一乾二淨。我們可以躲在屋內打開桌燈，凝視著玻璃窗上的雨珠痕跡。

　　但上一次碰到下雨已經是好久以前的事，所以下一次下雨，我們可能會衝進滂沱大雨，抬頭仰望穹蒼。

彩虹

RAINBOWS

　　要是我們運氣夠好，大雨過後天空掛著薄霧時，陽光也許會恰到好處地穿透小水滴，在照進每個水滴表面時彎折，並在雨滴背面反彈，穿透出去時再度彎折。如果我們站在背對太陽的位置，視線仰起 42 度角，或許就會看見光朝四面八方折射、反射，形成一道閃爍微光的彩虹，然後許下一個願望。

　　我們也可以自己畫一道彩虹掛在窗前，或是找來一面彩虹旗上街揮舞，提醒彼此愛不分形式，世界充滿美好，永遠都有值得期待的事物。

第 20 件
....

不拆禮物

NOT OPENING A PRESENT

　　多年前，我做了一個正確、卻傷害全天下我最愛之人的艱難決定。剛分開的那幾週和幾個月，感覺格外天昏地暗，悲傷孤單。某天，我在住家附近的小店看見一只泡泡形狀的小花瓶，那是玻璃師傅用一口氣吹製出的作品。即使我根本不打算送人，店長問我花瓶是不是要送人的，我還是回答「是」。她小心翼翼幫我裝在小盒子裡，打上一個黑色蝴蝶結。

　　我把它放在櫥櫃，一放就放了 14 年，中間搬了三次家，禮物盒卻始終原封不動，不曾拆開。我期待未來繼續這樣擺著，不拆開它。

第 21 件

·············

滿月

A FULL MOON

　　無論身在何方，我們舉頭望見的都是同一顆月亮，也是跟古人所見的同一顆，有陰晴圓缺、東升西落的月亮。根據幾千年前古人所處的位置，人類運用滿月將時間劃分成不同節令，得知何時該種植玉米、何時乾燥稻穀、鴨群何時回來。

　　現在的我們望著同樣的皓月，讚嘆人類乘著不可思議的奇異裝置登上月球，踩上月球表面。這是我們在浩瀚宇宙的一大步，凝望著滿月，讓我們有感於自身渺小與少不經事，同時也提醒我們要好好運用在人世間的每一天，做爆米花、撒米祝賀、等待鴨群回家。

第 22 件

....

婚禮

WEDDINGS

　　婚禮是令人期待的場合。我第一場扮演正式角色的婚禮可是經過縝密策劃，這天，幸福的伴侶凱莉和菲歐娜穿上她們最美的禮服，安負責購買蛋糕，我則是負責撒米，而且撒的還是糙米，當年我們五年級。在那之後參加的每場婚禮都令我非常滿意，不論是尷尬發言或精采演說、醉茫茫的叔叔和服裝災難、擔心撐不過一年的婚姻、以及你深知會永浴愛河的結合。

　　可是，已經好一陣子沒人舉行婚禮，面對這場婚禮旱災，我和艾德決定結婚。我們已經挑選好舉辦婚禮的田野，也已經寄出喜帖，歌曲播放清單製作完成，而我也開始親手縫製禮服，無奈後來新冠病毒襲擊，導致計畫停擺。

　　不過田野永遠都在，繡花針仍插在我上次縫紉時的褶邊，賓客名單刪減增加，雖然不知道何時結得了婚，但我們都很期待舉辦婚禮的那一天。

小寶寶

BABIES

小寶寶無所不在！每天都有新生兒誕生，而且會連綿不絕，每一個襁褓都是對美好未來的期許，也在在提醒我們要給予他們一個美好未來。

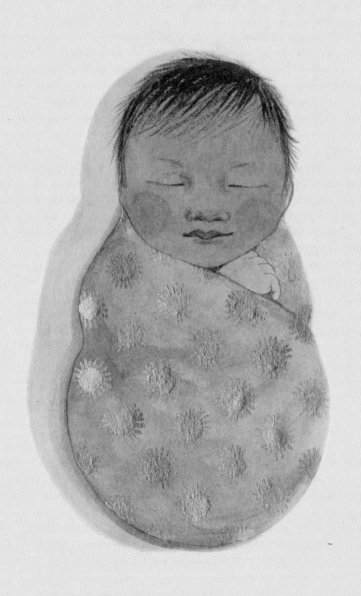

裸泳

SKINNY DIPPING

出生前每個人都是赤身裸體，在暖水中載浮載沉，長大了才開始穿上衣服。雖然大多數人幾乎整天屁股黏在椅子上，雙腳踏在地面上，但我們也夢想著有天可以再度一絲不掛浸泡水中。要是登山時可以卸下衣物，撲通一聲跳進沁涼溪水，或是在瑰色曙光的照耀下，沉浸於舒爽宜人的大海，說什麼我們都不能錯放這種機會。

找到一塊平坦岩石，卸下鞋子、錢包、鑰匙、手機、恐懼、羞恥，轉身背對它們，縱身跳進水裡。當我們冰凍刺骨又振奮愉悅地浮出水面，這些東西還在原位，不過，最後也許只取回需要的東西就好。

新眼鏡

NEW GLASSES

　　我的孩子在 9 歲那年戴上第一副眼鏡，在那之前，他並不曉得大多數人可以清楚看見每一片樹葉，還以為所有人都一樣只看得見模糊輪廓。

　　邁入中年後，我的視力逐漸衰退，而這時我也引領企盼一副掛在臉上的新眼鏡，讓視線變得更明亮清晰。當然，有時還是看不清世界比較好，但有得選的感覺還是不賴，再說，可以拾起針線縫紉也很好。

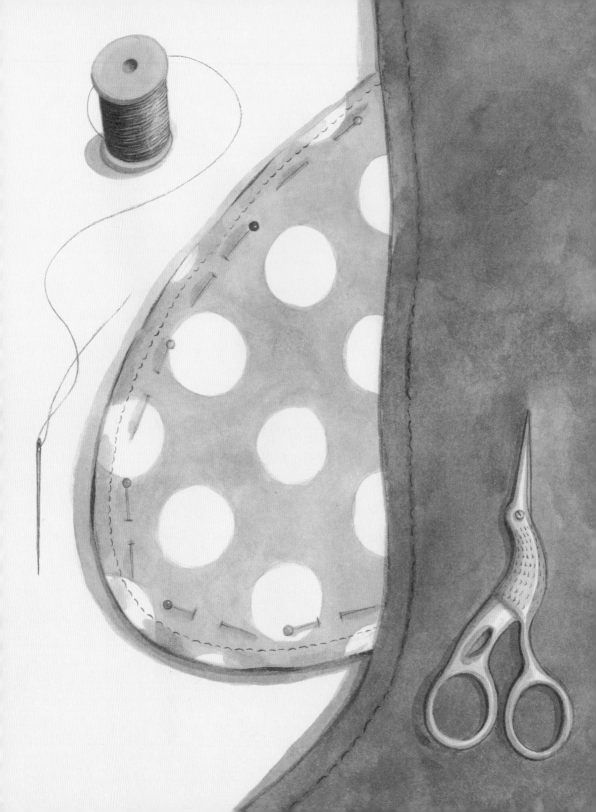

第 26 件
....

補破洞

MENDING A HOLE

　　我最愛的外套是一件陳舊磨損的天鵝絨外套，顏色是軟麻布色，口袋則是淡黃綠色、有水玉圖案的絲綢材質。左右兩側口袋都有破洞，我不得閒的手指常常反覆戳弄破洞，導致破洞擴大，變成暢通無阻的溜滑梯，任何放進口袋的東西都會直接滑落，以至於我常常弄丟鑰匙、硬幣、馬齒等東西。

　　但現在我的視線清晰了，可以再次穿針引線，所以滿心期待修補這兩個破洞。這不是譬喻法，而是貨真價實的破洞，在森林或海邊散步時，能隨手把蒐集到的東西塞進口袋，真的太美好。

第 27 件
....

蒐集卵石

COLLECTING PEBBLES

　　每次外出旅行我都很期待蒐集石頭：來自我童年成長的澳洲南部海灘，帶有化石紋路的卵石；來自希臘福萊甘茲羅斯島（Fole-gandros）海灣，可以高高疊起的青綠圓潤扁石；冰島火山坡的漆黑熔岩石塊。我回到家時，旅行包和口袋總是裝滿沉甸甸的石頭，每顆石頭都是一個擁有悠久神祕歷史的旅人，每顆石頭都是近期歷險的珍藏記憶。

　　雖然我的室友也喜歡卵石，但他相信家中的卵石最好不要超過某個數字，而這個數字就是 288。所以要是超過 288 顆，石頭就得拿去送人，但在那之前，可以先在石頭上塗鴉鯨魚、彗星、兔子和月亮。

第 28 件

看海

SEEING THE SEA

　　我在海邊長大，母親和哥哥幾乎天天都沿著海邊散步，留下我一人在海岸線，望著他們逐漸變成兩顆小點。我會拿著一根棍子在溼淋淋的沙子上塗鴉，或是蓋出一座有著精密運河航道的城鎮，再不然就是用卵石和貝殼排列出巨大螺旋，或是以糾結海帶拼出「哈囉」字樣。這些都是我特地為海洋準備的供品，看見浪潮湧上，大口吞掉我的供品，我就心滿意足了。

　　可是，現在的我卻生活在距離海岸遙遠的山區，即使我愛上森林、丘陵、溪水，遍地野花和石牆，卻仍然期待看見海洋，只要海邊近在眼前，我就像一隻坐在汽車後座的小狗，忍不住發出興奮的低鳴，將頭探出車窗，大口貪婪吸著飄散海味的空氣。我想要奔向海浪，撲上沙灘，望著地平線嘆息，口袋裡裝滿卵石。

　　要是距離海洋太遠，我就會渾身不對勁，就像赫爾曼·梅爾維爾（Herman Melville）《白鯨記》（*Moby-Dick*）裡的水手以實瑪利所說：「要是我開始口不擇言、靈魂猶如陰雨綿綿的潮溼十一月，要是我……需要召喚強大道德感，才按捺得下衝動，不踏上街頭，拍掉人們頭頂的帽子——那我就得馬上去一趟海邊。」

重讀愛書中最愛的段落

REREADING FAVORITE BITS
OF A FAVORITE BOOK

　　一直以來的愛書最具有撫慰人心的作用。新書是讓人興奮期待沒錯，但在最需要的時刻，我還是會回頭尋找老知音，畢竟你需要時，它們永遠都在。

《白鯨記》

洗淨衣物

CLEAN LAUNDRY

　　我經常把洗衣服的任務拖到最後一刻，非得等到能穿的衣服只剩滿是破洞的褲襪，和人人上前關心我還好嗎的芥末黃上衣，才肯心甘情願去洗衣服，然而洗淨衣物卻象徵滿滿衣櫃的無限可能。我可以裝扮成 19 世紀的法國農夫，或是愛德華七世（Edward VII）時代的鬼魂，再不然就是南塔克特（Nantucket）捕鯨船的甲板水手。其實我也只有這三種穿搭風格，但其中仍有不少細微差別。

　　我的衣服都是亂七八糟又不好折的二手衣，但我的另一半慣穿制服，不是那種縫有肩章、搭配打褶褲、胸前繡上名字的制服，而是自己精心挑選的制服。艾德是一名劇作家兼老師，他死心踏地遵守古斯塔夫‧福樓拜（Gustave Flaubert）的忠告：「保持規律整齊的生活習慣，工作表現就會亮眼出色、充滿原創性。」

　　他會一年一度採買 6 件灰色 T 恤和 12 雙黑襪，加上幾件精心挑選的無聊襯衫和長褲。每逢洗衣日，他整齊折疊、可愛熟悉的乾淨衣服，總會讓我喉頭忍不住哽咽。

移動家具

MOVING THE FURNITURE AROUND

我那從來沒度過假的阿嬤曾說：「生活中偶爾來點改變，就很有度假的感覺了。」每次我們去探望她時，總會發現客廳哪裡不一樣了。

關於移動家具有幾種說法，有一說是這麼一來，你就不得不清掃沙發底下，也許會因此找到之前以為遺失的物品；另一種說法是移動家具的同時，你就能看見眼睛已經習以為常而看不到的事物。有時我們也會把床鋪換邊，躺在東西向的床鋪做的夢是否和南北向不同？想要知道答案，你知道方法只有一種。

（無釘假牙）

....

尋回失物

FINDING SOMETHING
YOU THOUGHT YOU'D LOST

　　我這人經常丟三落四，弄丟的往往不是手機或鑰匙等日常生活用品，而是很珍貴的東西。譬如我現在就不知道房契究竟丟到哪去。

　　幾年前，我獲得一面對我意義重大的獎章，結果獎章就這麼被我弄丟。更可怕的是我甚至沒發現自己弄丟，而是有人要求我與獎章合照時才發現東西不見。但原因並不是我隨手亂放，反而是我收得太好，小心翼翼到最後完全忘記東西放在哪裡。

　　問題是我本身很喜歡蒐集東西，像是卵石和前幾世紀的無名相簿、來自德國的瓷製假牙、舊襪製成的破爛布偶。我很擅長搜刮別人的失物，自己的失物卻讓我心煩意亂、夜不成眠，直到有天我再也受不了，翻遍整個家才總算找回失物。（結果獎章收在一個盒子裡，盒子外又包著一層袋子，袋子外還有一層袋子。）尋回失物真的讓我鬆了一大口氣，內心滿滿的溫暖與感激。

　　我們最近搬家，又找回五花八門的失物，不過為了找回失物而搬家未免太誇張，徹底整理居家環境已經足夠。

第 33 件

....

清掃

TIDYING UP

　全世界都像是中了清掃魔法的毒，開始重新整理襪子收納櫃和人生。我是沒有中毒，不過仍然期待偶爾整理清掃一下居家環境：翻出失物、為新事物騰出空間、暫時重整秩序、挖出長期忽略的寶藏、清除已失去功用的物品、依據尺寸和形狀排列中古橡皮擦。請朋友到家裡作客就是清掃居家環境的大好理由，也是一件值得期待的事。

（斯可拉法尼牌番茄泥）

晚餐

DINNER

  大學時期，我和父親及繼母黛安同住，此時期我學會了煮飯。黛安會在吃早餐時問我們：「晚餐想吃什麼？」接下來一整天，我都會暗自期待晚餐時間到來。有時，她會從上午就開始煨煮高湯，或是將派皮放進冰箱冷卻，將扁豆泡水。我會在下午放學後幫忙滾義大利麵、包義大利餛飩、交錯排列汆燙過的長韭蔥、將烘焙紙捲成錐形，再用烘焙紙將蛋白霜擠上烤盤。有時「晚餐想吃什麼？」的答案是「剩菜」，而我們依舊會期待著前一晚的剩菜。

  但說到底，我最期待的還是晚餐派對，一頓慢條斯理吃到半夜的晚餐，餐桌上堆滿皺巴巴的義式杏仁餅包裝紙、鐵絲被彎折成小椅子的香檳瓶蓋、漫無邊際的閒話家常，彼此分享故事、揭露小祕密，好友逗留到蠟燭燃燒殆盡，翌日清晨才發現融化的殘燭，變成一隻隻胖墩墩的小兔子。

第 35 件

....

參觀博物館

VISITING A MUSEUM

　　自從我們開始削尖石頭和蒐集貝殼、混製顏料並在洞穴中作畫，學習打手勢溝通和埋葬死者，人類已經開始決定什麼應該保留、什麼應該記錄下來、什麼故事需要向後代訴說、要由誰來説。人類和其他動物之所以不同，就在於人類有反省今昔、展望未來的能力，我們開始回顧過往無人訴説的歷史，確保未來所有聲音仍有人聽見。

　　與此同時，我們也能參觀熟悉的博物館，與老朋友相見，發現它們與上次相見時一樣沒變，卻發現我們每一次的觀察都不同，因為我們和上次來訪時也不一樣了。

　　在曼哈頓參觀博物館時，我很期待在美國自然史博物館的幽暗走道上，看見那隻在白雪月光下永遠跳躍定格的野狼標本，或是現代藝術博物館梅雷特・奧本海姆（Meret Oppenheim）的《物品》（Object），這部作品中毛茸茸的茶杯、杯碟、湯匙，正好就是我青春時期貼在牆上的明信片。再不然就是大都會藝術博物館展出的艾爾文・溫特梅（Irwin Untermyer）的床鋪，據傳這正是《天使雕像》（Mixed-up Files of Mrs. Basil E. Frankweiler）書中逃家孩子

（20A保險絲
已熔斷）

曾經睡過的那張床。

　　我們可以參觀阿拉斯加的鐵鎚博物館、威斯康辛州的芥末博物館、新墨西哥州的幽浮博物館，也可以參觀改變我們人生的博物館，好比阿姆斯特丹的安妮密室，安妮‧法蘭克（Anne Frank）和家人朋友藏匿長達兩年多，躲避納粹法眼的祕密住所。再不然就是去參觀盧安達的基加利大屠殺博物館，館內展出 1994 年慘遭血腥屠殺的 80 萬名男女老少的遺骸、姓名、簡介、染血衣物。

　　我們可以期待開闊眼界、挑戰我們跳出舒適圈、訴說久遠遺忘故事的全新博物館，也可以利用自家收藏品和紀念物，打造出屬於自己的博物館藏。我和尼克曾在他爸爸的儲物棚發現一條仔細貼上標籤的熔斷保險絲，並偷偷將這個有趣小東西占為己有，當作對這名摯愛又小氣男人的紀念品。如今幾十年過去，這條保險絲仍是我的珍藏物件，尤其現在尼克和吉姆都已不在人世，這項小物品更成為一種助記工具，讓我想起一個地方、一個瞬間、兩個男人，以及我們交織重疊的人生。

　　我們創造的博物館說的是關於我們身分的故事，也是關於我們所愛之人的故事。

第 36 件

....

完成一件事

FINISHING SOMETHING

　　有時我心想，要是我沒有從事書籍創作，或許會開一間未完成博物館，裡面陳列著繡到一半的「回家真好」、變成「回家真女」的十字繡作品；或是只拼到艾菲爾鐵塔二樓的火柴棒模型，興沖沖又野心勃勃地展開，卻不知何故被拋在角落，停滯在神祕狀態。

　　想要蓋這樣一間博物館，並不需要捨近求遠，光是我自己就擁有一整櫃的殘念物品，裡面滿滿是我後來發現自己根本無力完成的複雜針織作品，再不然就是送禮對象穿戴不下的毛織品，以及還在等待縫上其他三十三塊的三塊被子方格，再不然就是一整袋我幻想可以織成一條地毯的絨束材料包。

　　然而完成一件事的確讓人感激不已，譬如為占據餐桌數週的拼圖填上最後一塊；吞下最後一顆抗生素錠，代表晚上又可以開始喝雞尾酒；閱讀一本書的最後一行字；從管身擠出最後一點牙膏；腳步蹣跚衝過馬拉松的終點線；結束一段已經走到盡頭的關係。

　　完成一件事代表一個全新的開始，而這就是一件值得期待的事。

陷入愛河

FALLING IN LOVE

　　我在 21 歲那年與我的丈夫尼克相遇，第一年就同居，在我 25 歲那年結婚，26 歲有了第一個孩子。可是我並沒有陷入愛河，不算是，我直到 36 歲才真正愛上一個人，而且對象還不是丈夫。

　　倒也不是說我和尼克並不相愛，事實上我們非常相愛，也是最要好的死黨。他可以用牙齒演奏〈我可愛的情人〉（My Funny Valentine），憑空變出各種東西：1930 年代風格的玩具屋、以一條復古桌巾製成襯衫、登上新聞報導的萬聖節服裝。他的脾氣火爆，幽默程度也不輸他的脾氣，總是讓我又哭又笑。我們相遇時，他以為他只有百分之五的同性戀傾向，後來卻發現他只有百分之五的異性戀傾向。但光是這樣已夠我們製造兩個出色的孩子，我們以為自己很幸福。

　　撫養小孩的光陰模糊，日子都在接送孩子、沐浴洗澡、哄孩子睡覺、風火輪小汽車、胡蘿蔔條、手工創意包中度過。如果你深愛另一半，我相信你們仍然找得到關注彼此的時間，即使日子朦朧，你們仍能清楚看見彼此。但如果你不確定，就連你自己都會變得朦朧。

　　直到後來我遇見艾德，這個令我深陷愛河的男人。當時我的視線仍然模糊，卻可以清楚看見他的所有細節。我注意到有關他大大

小小的事物：他的俊俏輪廓、寬闊大耳、仁慈雙眼，説話時將 T 恤袖子順手推至寬大肩頭的模樣，他整齊漂亮到令人心碎的手寫字體，就連在街上走路也堅持閱讀、而且不用停下腳步就能劃線的模樣。隨身攜帶的東西全部高高疊起，一本書疊上另一本書、筆記本、原子筆、手機，好像他不知道世上有個東西叫手提袋。

我也注意到他按照食譜步驟煮飯時，煞有其事把所有食材分類放進小碗的模樣，他切洋蔥、帶球上籃、幫孩子綁鞋帶時不自覺吐出舌頭的模樣，他逗得小寶寶哈哈大笑的模樣，他逗得我哈哈大笑的模樣，以及他讓我雙手顫抖的模樣。

我也注意到他注意我的模樣，他比世上任何人都清楚看見我。

在這些一點一滴之中，我發現先前的我根本不懂得愛，根本不知道陷入愛河是怎麼一回事，也完全不知道該如何回應對方的愛。這段感情濃烈醉人，14 年如一日，當然更重要的是，你未來還能期待每天重新愛上你的真命天子（女）。如果你還沒找到真愛，或是曾經擁有如今卻已失去，那麼真愛仍然可能在你最沒有防備時上前敲門。

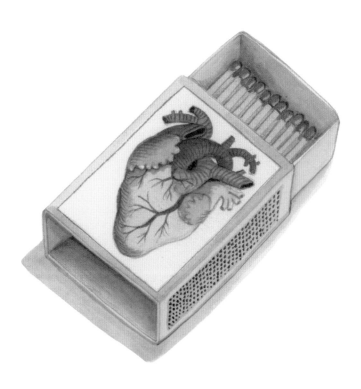

寫一封信

WRITING A LETTER

　　疫情讓許多人再次想起郵寄的樂趣。我們都渴望真實觸摸得到的連結，要是真的見不到彼此、觸碰不了彼此，至少可以手寫一封信，想像這封信寄到對方手裡會是什麼樣。電子訊息隨時隨地都能寫，但若是需要坐下來寫信，我們內心通常會想像收件人的反應。他們會立刻撕開信封閱讀嗎？還是會先煮熱水、泡一壺茶，慢慢閱讀？他們會回信嗎？

收到一封信

RECEIVING A LETTER

　　阿嬤過世前已經寫好所有隔年的生日卡片，連地址都填妥，我母親在鞋盒中發現這些卡片後，主動幫阿嬤寄出，因此我們在她離世後還收到她的來信，可說是很特殊的體驗。卡片內容如出一轍寫著「生日快樂，愛你的歐瑪」，但光是看見她的手寫字就令人溫暖滿足。

　　電子郵件和簡訊是很方便沒錯，也沒什麼不好，卻不會散發伯爵茶或煙燻柴火的香氣，也不可能隨信附上我母親院子的桉樹樹葉，沒有唐娜安從佛蒙特寄給我的中古調酒棒，更別說是一小袋我從未去過的沙灘上的沙子，那袋沙子是我朋友的朋友寄給他，他再把一半分裝轉送給我的紀念品。沙子從指縫傾瀉而下時，我們可以一起幻想躺在那片沙灘是什麼感覺。

餵鳥

FEEDING THE BIRDS

　　我母親在全世界進入封城狀態前搬到一座全新小鎮，幾乎整整一年過著離群索居的生活。她每天都在屋外放鳥飼料，沒多久五花八門的鳥兒都來了，一開始是野鴿，後來是喜鵲和鳳頭鸚鵡。她和鳥兒說話，要求牠們多帶些朋友來。

　　我表哥湯姆的生活周邊總是圍繞著人，可是他往往比別人早起，耐著性子坐在外面，伸出擺著麵包蟲的手心，等待剛學飛的知更鳥降落在他的手指上。

　　我們有一個裝滿黝黑葵花籽的餵鳥台，另一個餵鳥台裡則裝盛紅花蜜。我們觀察紅額金翅雀、冠藍鴉、五子雀、刺嘴鶯、啄木鳥飛撲襲來，更別說是松鼠和花栗鼠爭搶種籽的精采激戰。某個夏夜，我坐在花園椅子上看書時，突然聽到一陣振翅聲，接著屏息望著一隻蜂鳥閃現，在我頭頂盤旋──就像是一個微小斑斕的奇蹟。我期待著牠再次折返。

爆汗

WORKING UP A SWEAT

　　這一項是艾德逼我加上去的。他向我保證肯定很多人期待規律運動，還說運動對我們的身心健康大有益處，他向我解釋腦內啡的原理，讚揚跑步、騎單車、三對三鬥牛籃球賽樂趣多多。有的朋友則是期待尊巴課或 24 小時的燃脂熱舞派對，再不然就是帶小狗外出慢跑。我的繼母不論天氣好壞，每天都一大清早起床去海邊游泳。

　　多數時候我喜歡坐在桌前，做做手工藝。然而要是真有事情得忙，好比鏟雪、堆木柴、乾砌石牆，我一定親力親為。我喜歡制定目標，也喜歡完成任務的小小獎勵。我承認滿身大汗、弄得髒兮兮又口乾舌燥也是一種樂趣，要是之後可以期待洗一場熱水澡、換上乾淨衣物和好好喝一杯水就更好了。

第 42 件

喝一杯水

A DRINK OF WATER

覺得寒冷或是遇到傾盆大雨時，我期待溫暖乾燥的感受。疲憊暴躁又想大哭一場時，我等不及鑽進被窩。飢腸轆轆時，我渴望咬下吐司麵包。但真正口渴到不行時，除了好好喝一杯水，我沒有其他期待。我生活在 21 世紀的紐約，不用像古人得去井邊打水，或是像盧安達布雷拉（Burera）等地區的人一樣，到現在還得親自去打水。我不像密西根州弗林特（Flint）的家長，要擔心飲用水是否有鉛中毒、害小孩致病的疑慮。我也不像澳洲蓋拉（Guyra）的居民，必須面對水壩乾涸、久旱無雨的事實，多數時候我只需要轉開水龍頭就有水喝。

不過，我偶爾也會遇到沒水喝的窘境，譬如登山時沒有預備充足的水。有次我們紮營過夜，雨勢遲遲沒有減緩的趨勢，隔天滿身瘀青又溼淋淋地醒來。翌日清晨決心出發攻頂時，水壺裡的水量只剩下 5 公分高度，但我們自信滿滿不用多久就能碰到溪水。結果我們並沒有看見溪水，倒是眼前的山路綿綿不絕，天氣越來越炎熱，我們也開始氣喘吁吁，於是，我開始搜尋樹葉上凝結的水珠、地面上的積水，最後總算在喉嚨沙啞窘迫之時，發現山岩間潺潺流淌一條沁涼潔淨的溪水。我們花了很長時間才裝滿水瓶，可是每一口嘗起來，都像是來自地球中心的瓊漿玉液。

第 43 件

午覺

A NAP

  很多人都忘了該怎麼睡覺，實在有太多讓人睡不著的理由：全球疫情的慘痛惡果，瀕危的地球，深陷危機的國家，因為政治和不平等而分裂隔閡的社群，失業，醫藥費，迫在眉睫的納稅期限，在國家邊界硬生生遭到拆散的家庭，吃不了午餐、沒書可讀、沒鞋可穿的孩子，當初不該說出口的話，當初沒有說出口的話，尚待回覆的電子郵件，找不回的遺失物品，八成沒什麼大不了的身體腫塊，家用老旅行車的安全氣囊召回通知還沒處理，昨天還硬邦邦的超貴酪梨、今天恐怕熟爛到不得不丟掉……。

  有些事情超出我們掌控，有些還能正面迎戰，有些只能學習接受。我們希望可以再次記起該如何沉沉入睡，甚至可以做一場夢。至於現在，我們應該善待自己，試著找時間好好睡一場恢復元氣的午覺。

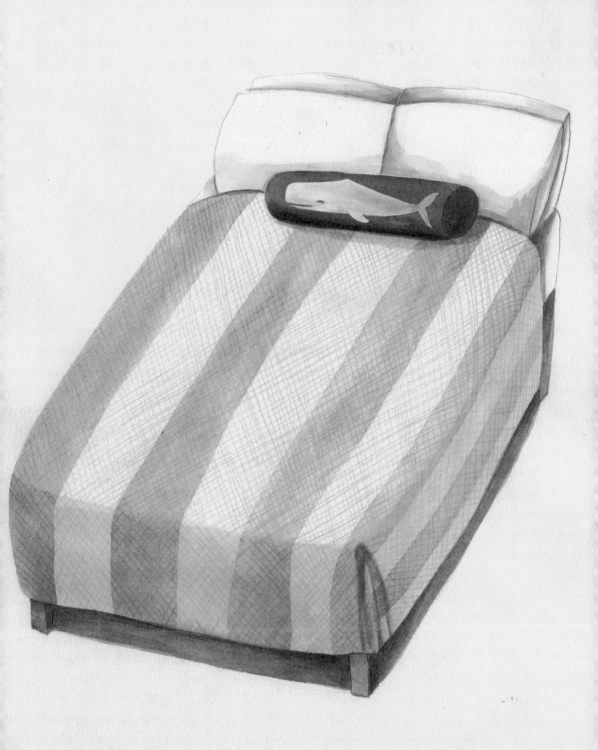

第 44 件

....

報稅

DOING YOUR TAXES

　　跟不少人一樣，我很抗拒及害怕處理文書。我的書桌上沉積堆砌著一層層發票與收據，一疊厚厚的紙張偶爾會滑落地面，像是崩塌滑入海洋的冰山，對於報稅的恐懼更勝於上門找牙醫。但話說回來，其實我也很期待報稅，因為一旦完成納稅申報就無事一身輕，感覺整個人都輕飄飄地飛起來了。

第 45 件

....

投票

VOTING

  如果你生活在民主國家,很可能有投票權,因而有機會讓社會聽見你的聲音。

  你可以為了平權投票,為了民權投票,為了人權投票,為了地球投票,為了森林、海洋、冰川投票,為了女性的身體自主權投票,為了你相信黑人的命也是命投票,為了保護前線工作和急救人員投票,為了生活工資投票,為了支持 LGBTQ+的家人朋友及多元成家投票,好讓他們也能自由自在、受到尊重和享有尊嚴地生活。為了尊嚴投票,為了誠實、恭謙、正直投票,為了流離失所無家可歸的人投票,為了無法投票的人投票。

  正因為你可以,所以你投下這神聖的一票。

（投票）

第 46 件

....

自己的食物自己種

GROWING YOUR OWN FOOD

　　無論你的窗台上是否放著一盆細香蔥，或是從零開始栽種蔬菜園，你都知道吃下自己親手種植的食物，是一件多麼令人興奮期待的事。

　　如果你曾經考慮親手栽種植物，只是還沒開始動手，我可以告訴你，在土壤撒下小小芝麻葉種籽有多麼輕鬆簡單，靜待數週、收割新鮮香嗆的芝麻葉時，更是充滿成就感。等到你中毒已深，開始編起一串串洋蔥、浸泡番茄種子、摘下豌豆藤上最後幾顆豌豆、等待明年春天再次播種，你基本上已在為自己儲備值得期待的事。

看地圖

LOOKING AT MAPS

我喜歡五花八門的地圖：經年累月蜿蜒成一條蛇形河水的曲流地圖，你掌心上的地圖，月球表面的地圖，曾幾何時是運河之都、如今只剩街名有運河的城市地圖，作戰地圖，地勢圖，當然還有藏寶地圖。我父親曾經有一面豎在立架上的碩大地圖，我們小時候很愛研究那張地圖。他向我指出 1966 年他穿越西伯利亞，一路挺進蒙古和中國，最後抵達日本的路線。

我和尼克在 1990 年代初談戀愛時，曾經共同規劃一場汽車旅行。我們攤開新南威爾斯州的地圖，閉上眼睛隨機將手指向地圖，最後降落在一條座落於城市北部、彎曲突出的海岸線，當年網路尚未盛行，所以我們對這個地點一無所知，只知道這裡有條美麗的海岸線和動聽的名字：雅緻諾比（Delicate Nobby），結果果然名不虛傳。

我上一次到倫敦探訪好友梅格時，她幫我畫了一張地圖，告訴我一條走去地鐵站的有趣路線。雖然手機可以告訴我直接快速的捷徑，但這條路線卻沒有漢普斯特德荒野（Hampstead Heath）女子泳池或道格拉斯・亞當斯（Douglas Adams）墳墓的塗鴉。

我們可以為了找尋方向查看地圖，也可以看著地圖回憶我們曾經去過的地方，甚至可以想像要是全世界都能去，我們可以去哪裡。

去墓園散步

WALKING IN CEMETERIES

　　我去墓園散步是為了緬懷死者、參觀陵墓、欣賞爬滿青苔的石製天使雕像，在小羊石像頭頂黯然悼念。你去墓園的用意可能是探望親友，或是在花園漫步、賞鳥，或是為了你的孩子、寵物、小說角色取名尋求靈感。

　　無論是什麼原因，離開墓園時都很難不會有活著真好的感覺，慶幸自己還在這個世界上，為我們擁有的短暫人生心懷感激，對吧？

第 49 件
....

去哪裡走走

GOING SOMEWHERE

　　如果我們運氣好，就可以期待暫時把日常生活擱置一旁，打包小行囊走天涯，換個生活步調、獲得全新視野、見識不同環境，可能是搭火車到隔壁城鎮，或是在北極圈追逐綠光，再不然就是在康尼島（Coney Island）木棧道吃吃納森的超夯熱狗，或在不丹山隘品嘗河苔湯。我們可以追溯移民祖先的腳步，抑或橫渡大洋領養一個孩子，再不然開一小時的車去陪伴媽媽。

　　可是無論我們去哪裡，或者我們怎麼到達一個地方，與誰相會、在外面待多久，總會引領期待回家的那天。

回家

COMING HOME

　　踏出家門旅行、看看世界是一件美好的事,卻始終比不上回到自己家。打開家門卸下沉重行李、洗洗髒衣服、開啟信箱、煮水泡茶（不想泡茶也無妨）、踢掉腳上的鞋,舒舒服服地洗個熱水澡、爬上床,把頭靠在床頭板,拾起一本書、讀了半頁就睡著,然後深陷夢鄉。

製作清單

MAKING A LIST

　　如果你現在進退不得，覺得鬱悶難受、精疲力竭、失去動力、渾身不對勁，可以製作一份清單，列出值得期待的事物。簡單的、日常的、不需要花大錢、不用踏出家門就能做的事物、可以讓你快樂的事物、你不想視為理所當然的事物、也許永遠不會發生卻仍然值得期待的事物。

　　要是你真的製作出這樣一份清單，不如和朋友分享，也可以和我分享，說不定這份清單會讓大家心情都好起來。

活在當下

SEIZING THE DAY

　　雖然這本書講的是值得期待的事，但清單上有不少現在就能完成的事。及時行樂啊各位！好好善用今天，明天就可能更美好。如果我們把時間當成一種珍貴的禮物，或許就比較不會浪費時間。

　　如果我們正在尋覓美感，我們肯定找得到。如果我們幫助鄰居，自己的心情也會變開朗。如果完成一件事，我們就能展開另一件事。如果敞開胸襟，我們的腦袋也能變得開闊。如果投下神聖的一票，我們就能催生改變。如果埋下種子，它們就可能冒出新芽。如果摘下花朵，就會再長出新嫩花蕊。如果我們耗盡點子，還會再想到新點子。如果緬懷死者，我們就更有活著的感覺。如果我們善待自己，就能更善待周遭的人。

　　如果以上這些都辦不到，今天怎麼樣都不順遂也無所謂，畢竟我們還有明天。無論發生什麼事，太陽終會升起，相信你懂我的意思。

寫下屬於你的期待清單吧！

作‧繪者簡介

蘇菲‧布雷克爾（Sophie Blackall）

澳洲作家、插畫家，現居紐約。分別以 2019 年的《燈塔你好》和 2016 年的《遇見維尼：全世界最有名小熊的真實故事》榮獲美國凱迪克金牌獎。從事插畫工作多年，善於運用水墨和水彩在熱壓水彩紙上繪製，風格優雅細膩，色彩明亮繽紛，兼具設計感與藝術性。

創作超過 50 本膾炙人口的童書，包括《歡迎你到地球來》、《農場老屋的故事》，作品曾獲美國插畫家協會創辦人獎、季茲兒童文學獎、《學校圖書館期刊》年度最佳繪本、《紐約時報》年度最佳繪本等多項大獎肯定。

個人網站：sophieblackall.com

譯者簡介

張家綺

畢業於中興大學外國語文學系，英國新堡大學筆譯研究所，現任專職譯者。譯作包括《太陽與她的花》、《一切都會好好的》、《裝幀師》、《達賴喇嘛：這些事，你應該生氣》、《形式與空無之書》等書。

心|視野　心視野系列 131

為每天帶來美好的期待清單
在苦悶的日子裡，讓 52 件微小事物給你前進的力量
Things to Look Forward To: 52 Large and Small Joys for Today and Every Day

作　‧　繪　者	蘇菲‧布雷克爾（Sophie Blackall）
譯　　　　者	張家綺
封　面　設　計	鄭婷之
內　頁　設　計	楊雅屏
行　銷　企　劃	魏玟瑜
主　　　　編	陳如翎
出版二部總編輯	林俊安

出　版　發　行	采實文化事業股份有限公司
業　務　發　行	張世明‧林踏欣‧林坤蓉‧王貞玉
國　際　版　權	施維真
印　務　採　購	曾玉霞‧莊玉鳳
會　計　行　政	李韶婉‧許俽瑪‧張婕莛
法　律　顧　問	第一國際法律事務所　余淑杏律師
電　子　信　箱	acme@acmebook.com.tw
采　實　官　網	www.acmebook.com.tw
采　實　臉　書	www.facebook.com/acmebook01

I　S　B　N	978-626-349-483-1
定　　　　價	450 元
初　版　一　刷	2023 年 12 月
劃　撥　帳　號	50148859
劃　撥　戶　名	采實文化事業股份有限公司
	104 台北市中山區南京東路二段 95 號 9 樓
	電話：(02)2511-9798　傳真：(02)2571-3298

國家圖書館出版品預行編目資料

為每天帶來美好的期待清單：在苦悶的日子裡，讓 52 件微小事物給你前進的力量
/ 蘇菲．布雷克爾 (Sophie Blackall) 著；張家綺譯 .-- 初版 . -- 台北市：采實文化事
業股份有限公司 , 2023.12

128 面；17*21.5 公分 . -- (心視野系列；131)

譯自：Things to look forward to : 52 large and small joys for today and every day

ISBN 978-626-349-483-1(精裝)

1.CST: 快樂 2.CST: 生活指導

176.51　　　　　　　　　　　　　　　　　　　　112017416

采實出版集團
ACME PUBLISHING GROUP
版權所有，未經同意不得
重製、轉載、翻印